きんげんだもの

みずの

［はじめに］グリンピースに非ズ

「心に残っている一言は？」

と聞かれて困っていませんか。私は、困っています。

この世に「名言」として扱われる言葉は数多くあります。しかしながら、「名言」の範囲で示せる人間の要素ってシュウマイで言えば上に載っているグリンピースじゃないの？　と思うからです。

グリンピースをシュウマイの上から取り出して単独で皿の上に載せると、そこにあるのはグリンピースであって、決してシュウマイではない。確かに、ただ一つの短い文章でシュウマイ全体をそのまま皿の上に載せるのはそもそも不可能です。だからといって、グリンピースが載った皿ばかりを見せられてしまうと、我々はグリンピースなのだという誤解が生じる、現に生じている。だから名言のようなものを求められて名言を答える行為にやり切れない、ママならない気持ちばかり募る。

本当はシュウマイなのに。そうすると、誤解がそのまま我々の我々に対する自認として降りかかってくる。誰もグリンピースではないのにグリンピースとしての整合性を求め合うハメになる。そもそもシュウマイにとってのグリンピースなんて、どちらかというと蛇足なのに。じゃあどうしたらいいのかというと、断片でいいからシュウマイの本体、そのごく僅《わず》かな欠片《かけら》も描写した方がいい。

従って、本書は肉片です。皮に包まれた肉の一片とお考えください。便利ではないが、人間に対して都合を排除しフェアな態度で名言を作りました。あった方がいいから。

だから、勘弁してください。

あなたがここを
ハワイと思えば
ハワイ
グアムと思えば！

グアム
練馬と思えば
練馬
練馬区

金言なので
勘弁してください

鬼カワイイ♡
鬼サイドはガワイイでやっておりません

この世で
最も
ありがたい
のは

水

事実は
小説より
奇なり……
三四郎
ケース・バイ・ケース

インターネット
をやってない、
あなたの心が
うつくしい

あの人は
Instagram
に友達と
BBQだけ
載せる善人

「きもちの問題」
だからと言う
がきもち
の問題が
一番どうにも
ならない

いきなりステーキにされる

事実は
言い方が9割

座右の銘だもの

就職面接でふいに座右の銘を聞かれて冷や汗が流れ落ちる。全身から脂汗が滲み出て、嫌な寒気がする。答えなければならない。何を？

適度に含蓄があり、なおかつあり過ぎず、身の丈を大きく超え過ぎずかといって小さくまとまり過ぎず、またちょっとした発見がありかといって現実を糾弾する程にはあり過ぎず、お役所ジョークよりは二、三歩気の利いた「座右の銘」を言わなければならない。折れそうな心を何とか奮い立たせるしかない。頑張るしかない。逃げ場がない。

かつて私が受験生だった時分に、予備校講師が

「白紙は最大の誤答」

と提言したことがあり、大いなる感銘を受けたものだが、これは受験という限られた特殊な状況下においての真実であって。日常のシーンにおいては、結局のところ「白紙」が正解というケースがかなりよくある。

なぜなら我々が対話をする時、核心のほとんど、つまり今ここにある現実への態度・取り

扱い方針を規定する為のリキは、全くもってお話になるかどうかの瀬戸際は、ほぼ全てが「問い」の角度に込められているからだ。

たとえば
「犬派？　猫派？」

というカジュアルな世間話には暗に、上下関係がはっきり見られる社会への適応性があるのか、それとも気ままでマイペースなタイプであるのかという適当極まりない分類による人格への問いかけが含まれている。

ここで直《す》ぐに「犬」などと答えてしまうと、さほど面白みのないレッテル貼りのような問いを立てたのは相手であるにもかかわらず、返答をした人物の側に、サービス感が希薄で保守的な「問い」に含まれる精神性が滲み出る。

翻って、問いを立てた方は「それは奇遇ですね」などと言って素知らぬ顔をしていられるところがある。

なぜこんなことになってしまうのかといえば、そもそも「問い」には答えるか否かという選択肢があり、「答える」という選択を経た上での返答は、内容が肯定的であろうが否定的であろうが基本的には問い自体を構造的に肯定する文脈に基づいて成り立っているからだ。

ですから

我々はそもそも対話の前提として「白紙」という選択肢を持たなければならない。白紙だがつつがない、社交的な不和のない応答をする技術を身につけなければならない。そもそもそういった技術を習得する前提として「白紙」という回答を発見しなければならないのであった。

そんなことは学校でも新人研修でも教えてくれない。なんとも恐ろしいことに、各人のスキル、対話構造の奇妙さを直感で察知するセンスに全てが委ねられている。

しかしながら面接で投げかけられる「座右の銘は？」という問いは白紙提出が絶対に許されない「問い」である。

なぜならばここで要求されているのは、まともに考えたら答えようのない問いにガッツと勢いでなにがなんでも食らい付き、かつ個人の規範を強く押し出さない美学、組織というものへの適応力であるからだ。

従ってここでの無回答は「最大の誤答」、つまり従属の意思がない欠陥労働者として無制限の落伍を意味するのであった。

ここで八方塞がりなのか。諦めて脳に蓋をして半ば気絶する他ないのか。

涙を呑んで

「死ぬ気でやれよ、死なないから」などの、経営者目線のご都合シンデレラストーリーを内面化したＫＡＲＯＵＳＨＩ侍になることを余儀なくされてしまうのか。

ブラック労働奉仕の根性焼きを手前で入れる、これが現代という巨大な墓標の正しい銘かと思いきや、「問い」に対応しつつ「白紙」でもある座右の銘、「最大の回答」を私が発明致しましたのでここに発表致します。これを引用して、人生の随所に現れる正気の断末魔をいなせにサーフィンしてください。

ラッキーで喰う

IQ180を
信じるな

徳川？宗

押してダメな場合、
引いてもダメなことに
早めの段階で
気がついた方がいい

どろぼうズハイ

「オシャレ」で
検索する
行為が
オシャレ
ではない

結局ない
ものねだり
なんだなあ

ジョブズは
まだ成仏して
いない雰囲気が
あるね

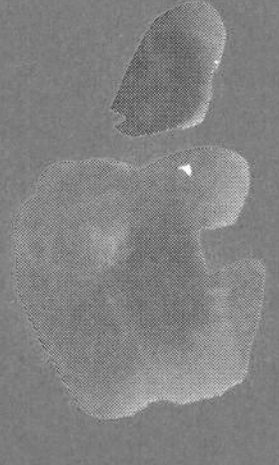

苦労はしないに限る

おいしいからといって食べすぎるよりは少し足りない方が

ゲット・ワイルド

命

戦争
最悪!!!
心広い方が
オシャレ

向大吉
半凶
大吉
吉
凶
中吉
大吉
おみくじは何回
半凶
吉
小凶

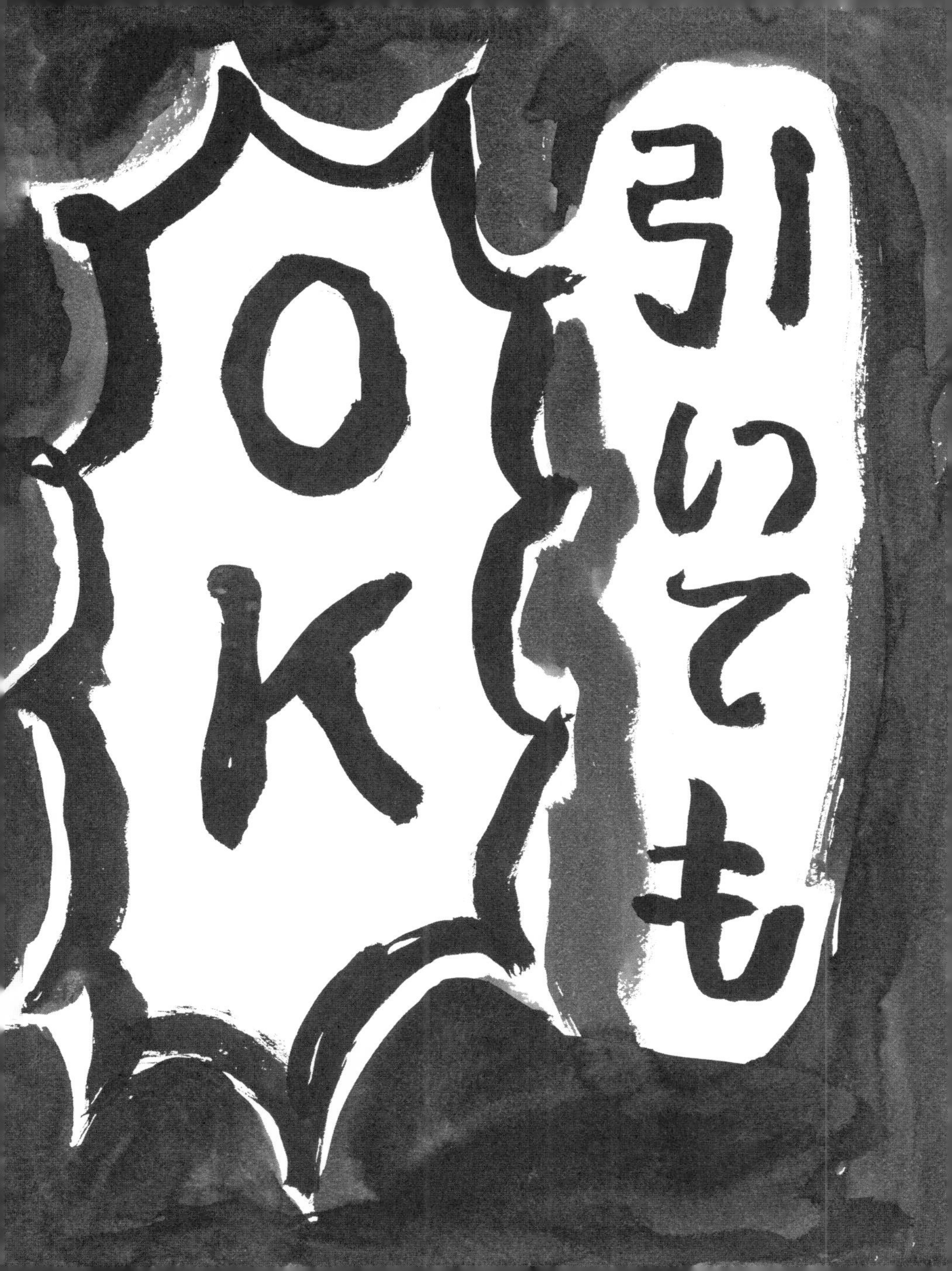
引いても
OK

大丈夫!!!

100人乗る予定

特になし

噓
300
新宿の人

大丈夫、知らないけど来世では何とかなるからね

人生が変わらない 2時間半の 深くなくて よくない話

泥棒が
盗んだ
アロマディフューザー
それでも
人は癒さ
れるのか

納税《バッド・ガイ》

自分の
中に
マイジャク
を持て

おにぎりの具は、何を入れてもいい
だっておにぎりなんだから

質問責任の不在

「えっ、それはどうしてですか？」

と、何でもすぐに質問をしてくる人は極めて無邪気な顔をしている。

なんなら、どちらかといえば善行を積んでいるような感じすらある。あなたに興味がありますと微笑《ほほえ》みを浮かべて。なぜそんなにも自信満々なのか。説明って基本無料なのに、されている側はカスタマーサービスのような雰囲気を醸し出すことがあるのはどうしてなのか。リクライニングシートを無許可で全倒しされているような、何らかの圧。

私は近頃、熟考の末に質問をはぐらかすということができるようになった。

意図のない質問に対して

「状況に応じて、適切な判断をしております」

などと返答している。政治家と全く同じことをやっている。ニュースの会見映像を見ると「ロイター通信の○○です」などと質問責任を明確にした上で質問をしているのでたいそう羨ましく感じる。いいな、政治家は。質問責任と説明責任がセットになっていて。私は、質問行為に対しての著しい義務感・全面回答意欲から、しなくてもいい苦労を勝手に抱え込んで勝手に苦しんでいるのだった。そんなに頑張らなくていい。熱心に聞かれていないことは、そう熱心に返さなくてもいい。それだけのことが、わからない。

カラオケや街中のショップなどで無作為に流れてくるバラード曲に対しても、時に同じようなことを感じる。

バラードを提供する側は、良かれと思ってやっている。いつ如何《いか》なる時のバラードであってもそれは良かれと思って提供されている節がある。可愛がっていたハムスターが死んだ直後に一青窈の「ハナミズキ」を聴かされても、ある程度真面目な雰囲気を醸し出しておかなければいけないムードがあるのではないか。このように想像の翼を広げ過ぎると、目の前のバラード享受空間がなんだか耐え難い、恐ろしいものに感じられてくる。今すぐこの場から逃げ出したい。だって今そこまでバラードな感じではないから。いったんしっとりしちゃうと後々の全てが面倒であってそれを避けたい、実情優先の思考。たとえばしっとりしたまましっとりと風呂に入るのはどうなのか。しっとりした感じで確定申告ができるのか。そんなに頑張って、バラードの全てを受け止めきらなくたっていい。相手が良かれと思っていたって、適当に受け流したっていい。それだけのことが、やっぱりどうしてもわからない。

改めて質問について、どうしてこんなにも圧を感じてしまうのかと考えてみると、思うに私は説明責任を重く受け止め過ぎている。実際、質問している人もそこまで正確な回答が返ってくることは期待していないし、いわゆる会話のテクニックとして、会話自体の内容よりもスムーズかつ朗らかに話者のバトンが受け渡しされる状況を望んでいる。話者のバトンを受け渡す為に、今ここであなたが喋って大丈夫ですよ、というサインをそつなく送る為に質問という形式を採用しているのだ。だから朗らかで、だから良かれと思っている。だって実際に優しいから。ただしその優しさは条件つきで、内容ではなく形式的に、お互い害を及ぼさないという社会的安心を担保し合う承認としての優しさであって、質問責任が果たされているとはやはり言い難いのではないか。

質問責任を果たすということは身分を開示することではなく、適切に問いが立てられているかどうかである。昔、ドラゴンクエストⅢというゲームをプレイした時に冒頭の性格診断で

「とりは じゆうだと おもいますか？」

と聞かれて大いにショックを受けた。問いとはつまりこのように、適切な視点・論点を含んでいる必要がある。そうでない場合は、質問をされた側が問いの中に問題を再設定するという困難な重労働に従事するか、もしくは内容を完全に無視して満面の笑みでバトンを受け渡す労働に従事するしかない。どちらにしても労働である。ここまでわかっているのにできない。わかっているぶん、タチが悪い。バラードをＯＫにするヘッドギアなんかあったらついつい被っちゃうかもね、とか思ったりして。

少し
ダサイ
よりは
オシャレすぎる
方がおもしろい

仏の顔も
三度までと
言うが、
我々は
人間なので

二度目
は
ないぞ

寿司はすぐに食べろ

印象・ガンダム

わざわざ
「負けず劣らず」
と言われている
場合、実質
「負け」だからね

金言を言いそうな方

月に行って
どうする

ファイナルアンサー？

NO
3D

フォーマルな
パーティーだけど
本題は
介護を巡る
骨肉のやつ

トロピカルで
あれ

デメリットしかないことを堂々と言ってくる人はよくいる

どっちでも
いいなら
やらない
方がいい

仮面ライダー
本郷猛は
改造人間
である

ハワイ
最高!!!
行ったこと
ないけど

ヤクザはやめといた方がいいよ
感謝
覚せい剤

最悪の
事態

やめてOK!!!

（無理のない範囲で）
がんばります
JAPAN

「だし巻き」は「卵」が
無視をされている
そういう事は
割とよくある

HARAJU KU
このやろう
支払え

oh...

大丈夫ですか？

変なおじさんに
「大丈夫だあ」
と言われたところで、結局のところ究極的には、この世の全ては、大丈夫なのか・大丈夫でないのかという軸で考えた場合大丈夫ではない。宇宙全体の過去現在未来にわたるありとあらゆる全てが根本的に。

なぜなら予測と予想の出入力によって現れる「大丈夫」のワールドは、無数の人々の「相互大丈夫ネットワーク」によって見通しのいい地平を築いているものの、その全てがバーチャルであって。実際のところ私どもの両足をベッタリと支える実質地平は無常な無秩序の塊でしかなく、フェアトレードの概念もナスダックとか東証の株価指数もなく、できることといったら止むに止まれぬアヤフヤな会釈を心中で交わす程度が関の山なんだよ。

私は外国に行く時、まずその国で最もポピュラーに用いられている言語の

「大丈夫です」

という言葉を覚えるようにしている。大丈夫です。たとえばインドネシア語では

「ティダッ　アパアパ」

なんにも大丈夫そうではない語感だが、大丈夫だ。そもそも何もかもが大丈夫ではないのだから。いっそありったけの無責任と投げやりの誠意を捧げる姿勢が最大限の他者への配慮だ。

世間の常識はこのように、これがきっと幸であろうと考える人々のありがたい善意によって支えられている。ある時、ふと重い天井を持ち上げる両手を離してみると、そうしたところで皆さん一所懸命に頑張っていらっしゃるから、それは一向に大丈夫のままであって、依然として大丈夫はそこにあり続けている。

激しい風が吹き付ける最中、ガーデンテラスでクッキングスクールが開催されている場面を目撃したことがある。かじかむ手をわずかな蒸気で温め凍えながら配布された教材が飛ばされないよう反対の手で押さえつける無謀な所業。

「今日はもうやめて家でゲーム・オブ・スローンズでも見ましょう」

とか、誰かが言い出せばよかったんじゃないかと思う。

そうはならなかったのは、ひとえに皆さんが頑張っていらっしゃるからである。何を？

「大丈夫」を。


どうしてこうなったのか。

いったいこれは何なのか。

あなたがわからない。


そんなことを言われたところで、いったい、どこまで説明責任を果たせばケリがつくのだろうか。

説明を求める主体は、説明を求めるだけの根拠を説明する責任を負っているのかといえば、全くそうではない。

人間社会には常に気休めによるまやかしの安心を保持する願望への万有引力的な磁場があり、まやかしの方へ実態を手繰《たぐ》り寄せる希求は極めて安易にノーリスクで行われている。

蛮行である。それとは逆の探求には、リスクと重力磁場に逆らうだけの説明税が要求されるのが常である。

ところが大丈夫の地平を描画するＶＲゴーグルを外してしまうと磁場は反転し、今度は大丈夫でない方がなだらかな平野部の川下となり、したり顔で何の苦労もなくただ安楽な姿勢で常識の説明責任が果たされる納税を待っていればよいということになる。

どちらが真実ということもないが、このように世の仮初《かりそ》めの安寧が乱れ混沌が生じると我々の「大丈夫」のバーチャルスキンが揺らいで、うっすら半透明のまるで大丈夫でない曖昧なミストサウナのような感じになります。よって私が申し上げた数々の妄言、あるいは名言、あるいは真空の正気がいかにも社長室に設《しつら》えられたようなデラックスな革張りのソファーに腰掛け、肘掛に半身をもたせかけながら左手でシャトー・マルゴーの注がれたワイングラスをくるくる回してモナリザのように微笑んでいればよいという始末。

どうしてこうなった。

それは条理と不条理のワールドを同時に描画するダブルミーニングでもあって。

特になし

クイズ
この世で最もおいしいものは

答え
それは人による

我慢できるか
どうかを考えて
いる場合

それは

＼もう／

限界

なんという

ことで
しょう

服が「高見え」
してる時点
である程度
失敗

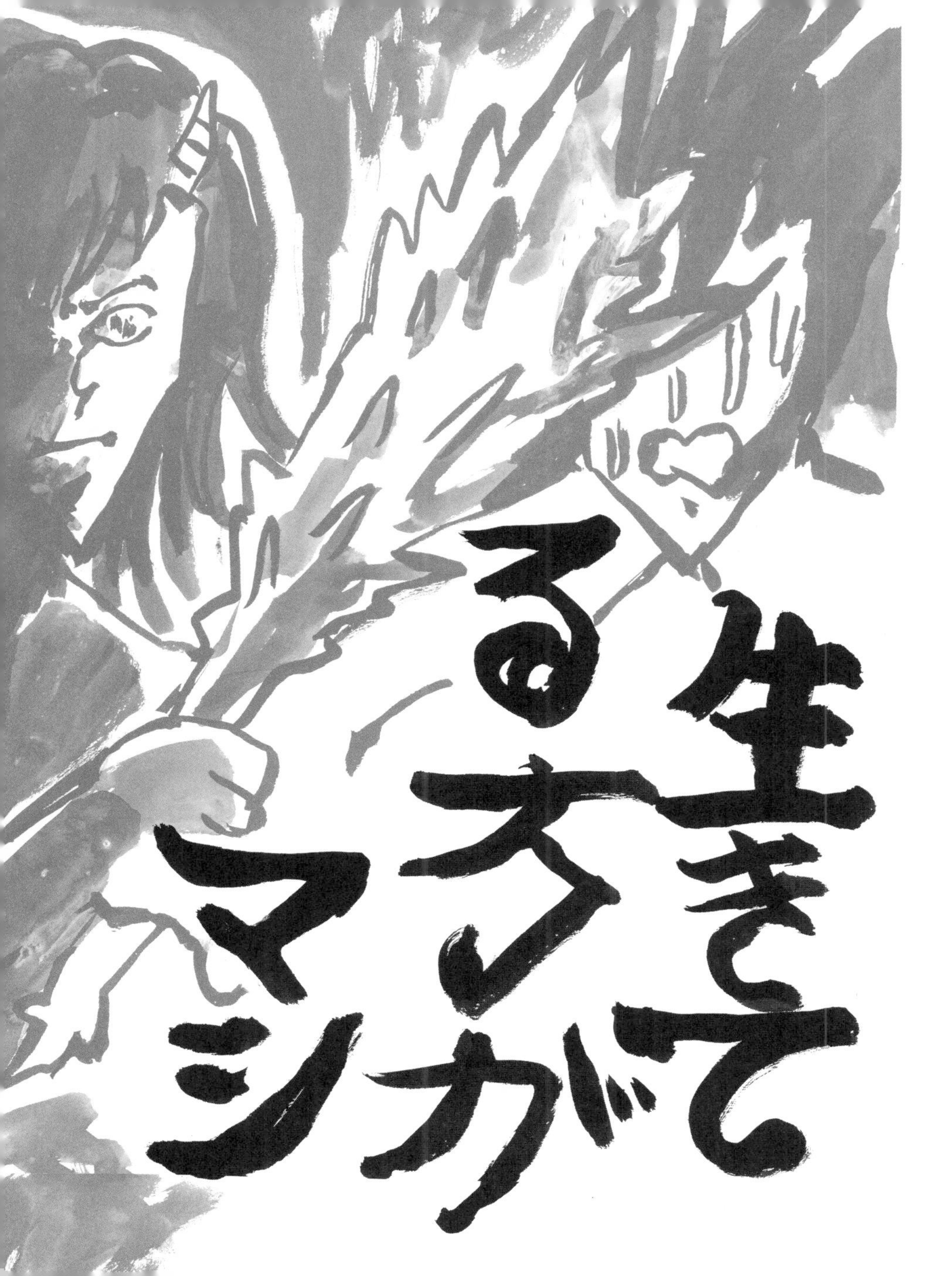
生きてる方ガマシ

どろぼうは
捕まるので
結局損

拾ってみたら
ダイヤモンド
飲んでみたら
ロマネコンティ

犬って毎日
何考えて
いるのかね

告訴フェスティバル

ひとりはみんな
の為に、みんなは
ひとりの
ために

……

何?!

ここしたり!! →

内容に
よる

正論

殺ス
それは犯罪ですよ
POLICE

基本的に
全てが
ぶら下がっている
と考えると
なんだか怖いね

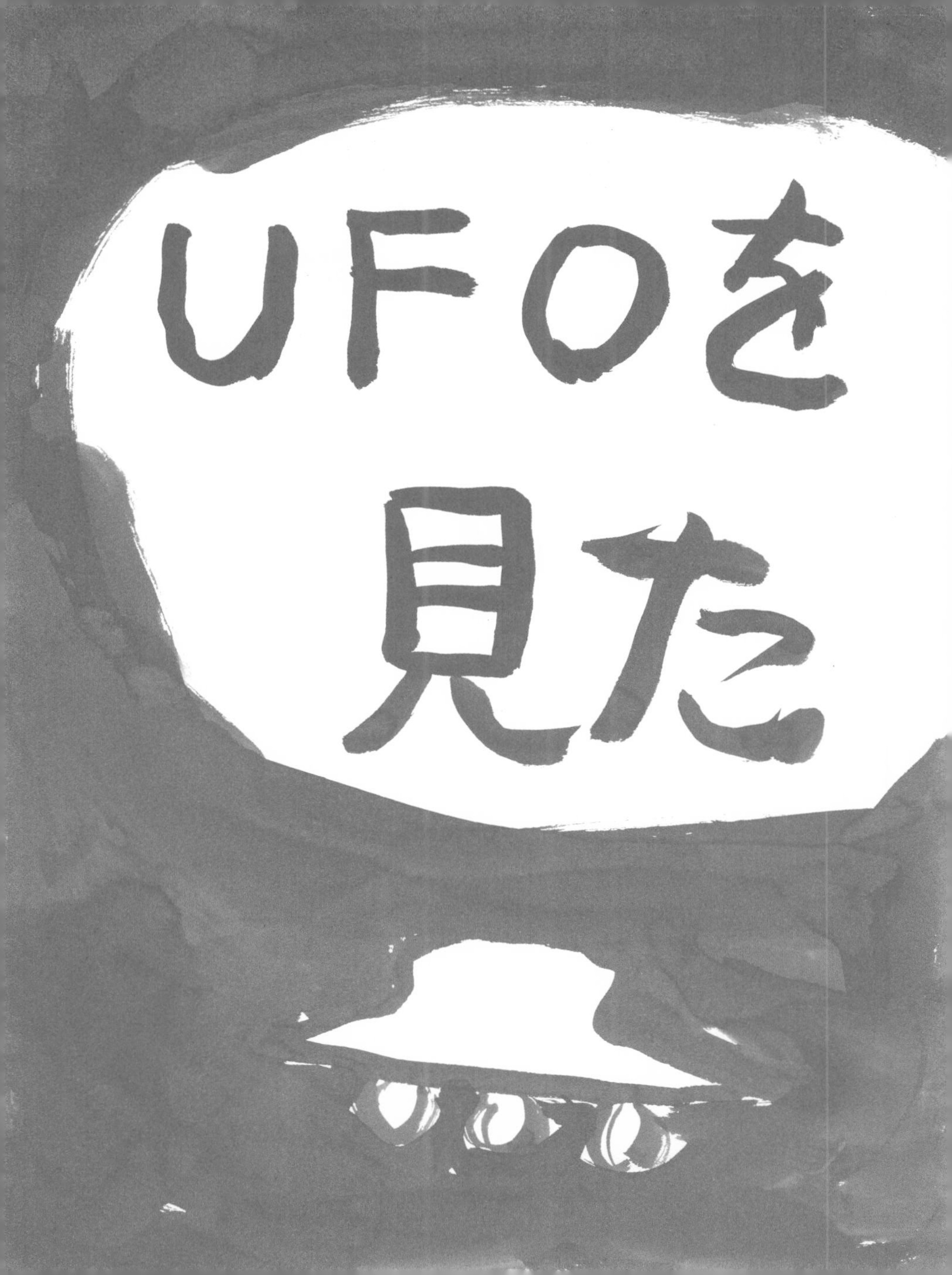
UFOを見た

食べたい人は
食べなさい

「ご自由にどうぞ」のプレッシャー

「評判」と検索
しても
結局評判は
分からず
じまい

最先端の孤独

「イケメンだよね」

と言われて、果たして言われた側のイケメンは喜んでいるのかどうか。謎である。

イケメンは何を考えているのかわからない。

何をしたいのか、下手をすると何をすればいいのかすらわからずに戸惑っているように見えることすらある。


「ＩＱ１８０」はどちらかといえば不名誉な肩書きではないかと思う。確かに非現実的な突出した数値であることには間違いがないのだけど、ＩＱを言われてしまっている時点で不穏な感じ、もっと言ってしまえば持ってるＩＱを活用した成果を言われていない時点で何だかやるせない、止むを得ない雰囲気、切ないムードが漂っているように感じる。

イケメンも同様に結果ではなく状態を言い表されている時点で、やはりちょっと切ない。

暇を持て余しているような感じがある。休日は何をしているのだろうか、イケメンってやつは。

男性タレントなんかはプロのイケメンだからわざわざイケメンですねと言われることもないだろう。だとしたら、ただイケメンということでイケメンということにされてしまった孤独な人々は、一体何を……？

自分がもしもイケメンだったらと想像してみる。

たとえば美女のそう言われてしまったやるせなさ、手持ち無沙汰な切なさには長い歴史があり文学がある一方で、イケメンにはまだそういった背景が何もない。憂い、哀愁、言外の言葉を纏うこともままならずに、ただ爽やかでいるくらいしかやることがない。かなり暇である。

平坦で、味がしない。この状況を何とか打ち破らなければならない、打破せねばならない。恐らく血眼になって何かを突出させる死に物狂いの努力をするんじゃないか。現状に鑑みるに、外見に注目が集まっている以上これを利用しない手はない。最《も》早《はや》性的に好ましい領域を大幅に逸脱する過剰なファッショナブルを身に纏うという手もあるが、もし男性としてサラリーパーソンなどをやっていた場合出世が不可能になるしプライベート面にも差支えが出るだろう。そうなると限界まで体を鍛えるしかない。

筋トレは社会全般から概《おおむ》ね好意的に受け取られるはずだ。反骨のベンチプレス、己の魂を鼓舞するケーブルプレスダウン、祝祭のチェストフライ。３ヶ月もあれば、死に物狂いの自己破壊により劇的に仕上がった動くダビデ像が鏡の向こうで微笑んでいるだろう。今にも破れそうなスーツ。あらん限りのＳＥＸＹな肉体を拘束するワイシャツとネクタイ。とてもじゃないが、イケメンなどと言って済む状況でないことは一目瞭然だ。勝利の栄光。弾け飛ぶボタン。マイナスイオンのように、自我を殺して漂っている日々とはおさらばだ。

完璧な肉体を得た俺は、会社を退職しアメリカに飛んだ。本場のボディビルを見学する為だ。やはり本場は違う。圧倒的なＢＯＤＹ。讃えられヒーローと賞賛されるストロング。こうなったらノンケミカルにこだわっている場合ではない。どんな手を尽くしてもＶＩＣＴＯＲＹをこの手に掴むのだ。医師の制止を振り切って、あらん限りの薬物を摂取した俺は、自由の女神を爆砕するほどの巨大なパワーを手にした。アメリカは、世界は俺の手にある。次期大統領選に立候補し、順調に当選。名実共に世界の覇者となった俺は、宇宙ステーションを設立し宇宙邸宅を構え、今やロマネ・コンティがなみなみと注がれたワイングラスを片手に地球を見下ろしている。

煌々《こうこう》と輝く地球はやはり、青かった。

オシャレだが
部屋に置く
にはデカ
過ぎる

外に置くには
オシャレ過ぎるし

もはや人間ではない

いざとなったら無視で解決

実はみんな
変だから
思ったほど
マジメに
やらなくて
大丈夫

この世は奥行パラダイス

合同コンパの
「合同」は
場の総意では
ないから
気をつけろ

インチキ

ようかんって
どこから
食べても

同じ味がするね

無料だからと
いってあればある
ほどいいと思った
ら大まちがい

ゲド戦記
最高!!!!!

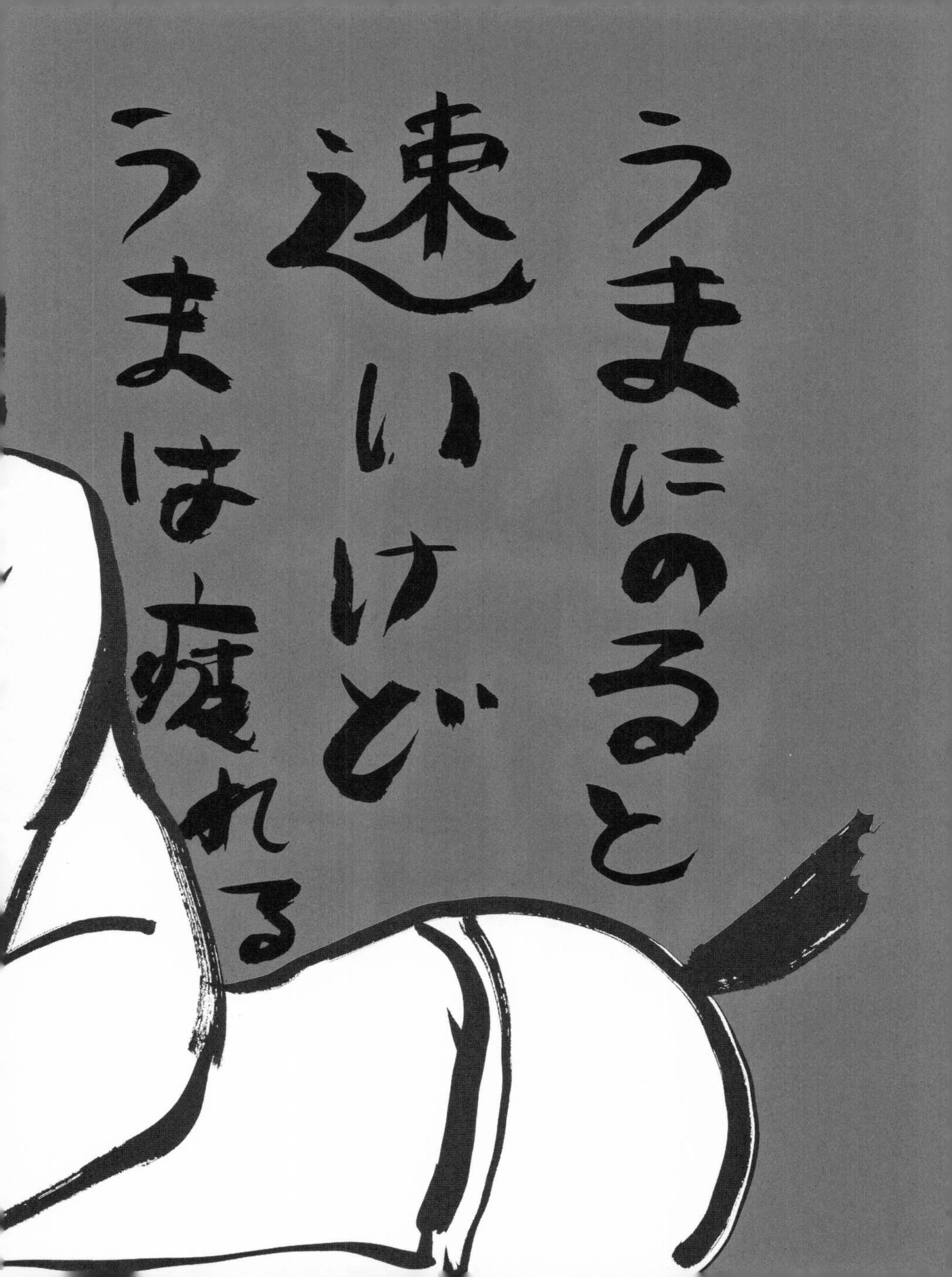
うまにのると
速いけど
うまは疲れる

ので
プラマイゼロ

なり方が
マシな物は
捨てた方が
いいよ

人間《ビヨンセ》ビヨンセ

突然、UFOの
話をすれば、
なんでも
ウヤムヤ
になる

今日も
朝から
いやがらせ

ニセ

だいたいインターネットでなんとかなる

みんな違って
みんな
どこかしらは
キモいね

堕ちたSASUKE

「PARIS」

↑

本当か…?

基本的に尋常でない人間の生命力

夏が好きという人は多いが、私は夏が恐ろしい。

なぜなら、夏真っ盛りになると地上が生命に満ち満ちて蝉が命がけであらん限りの叫び声を上げ、栄養価の高い腐葉土にはミミズがのたくり、池の水面には無数の小さな虫が蠢《うごめ》き、人々は歓声を上げスポーツに勤《いそ》しみ、波打ち際では蠱惑《こわく》的な体を見せびらかす人々が皮膚にオイルなどを塗りたくり乱反射する肉体の阿波踊りが勃発し、あろうことか各種のスポーツ大会なども開催され至るところにありとあらゆる悲喜こもごもの感情がぶちまけられるなどの、夏だからといって全ての根拠の提示が免除されたゲリラ的躍動感の応酬に心底ゲンナリとしてしまうからだ。

肉体が顕示される祭典は嫌いではない。むしろ、ボディビルディングの大会はある程度見せびらかされるボディの方向性が定まっているから、それ以外にも普段肉体を鍛えていない一般的な人々があえて肉体を顕示する大会があったら面白いのにと考えているくらいだ。

それは肉体を顕示する大会が、本来肉体というものは突然に顕示されるものでなく、ここに至って我々は異常なエクスタシーを追求しているという異常事態への共通認識、高いレベルで共有されるリテラシー、根本的な「無意味」への合意という極めて高度かつ玄妙な美学に裏打ちされているからこそ存分に楽しめるところがある。

ところが一方で、「夏」というフェスティバルにはそれがない。全ての命が、タガが外れたように生命を四輪駆動で驀進《ばくしん》させて四方八方から一気に攻め込んでくる。幕間《まくあい》もなしにありとあらゆる地平で夏の陣が開催されている。プロ・アマ、単細胞・多細胞生物無関係のK-1ならぬ命-1である。これがせめてリングロープ内で行われているというのであればまだしも、夏という渾然一体の魔物は否応なしにインドア派の命までもをリングの上に引っ張り上げる。このような異常祭典が年一のスパンで開催される世の狂わしさに我慢ならない。

生命の原始衝動に貫かれたように叫び散らす蝉は何日かすると音もなく落下し、命のグラウンド・ゼロを突き止めるかのように驀進するミミズは翌日アスファルトの上で干からびて漢方薬の材料になっている。過激すぎるスポーツは健康に悪いし、スポーツドリンクが実際にスポーティな飲料であるかどうか、私個人としては懐疑的な立場であって、ほとばしる命が、あるいはほとばしる死にしか見えなかったりもする。

夏はギンギラギンの命が同時に血しぶきを上げる季節だ。
お盆が真夏にあるのもこれが理由。

高校生の時女子校に通っていた。夏休みに文化祭の準備で、毎日誰もいない教室に登校した。通学路、私の肌も照り焼きのように焦がされて命がこぼれ落ちていきそうで、ふと前を見ると近隣のスポーツ専門の男子校の学生が名古屋市内の広い歩行者用通路、幅一杯に満ち満ちている。3人で、私の10人分の迫力・命のエナジーを発している。全身引き締まった肉体、暴れまわる染色体の末端構造テロメアが今この瞬間にも音を立てて分裂する著しい命・命・命。坊主頭から噴出する滝のような汗を顔面全体に滴らせ、漬けマグロのようにただただ照りつける顔、汗に負けじと噴出する皮脂、両手にそれぞれ持ったファミチキ。照りつける全て。交互にファミチキを齧《かじ》りながら、地上の凡《あら》ゆるダイヤモンドを超越した永遠のグロッシーすぎる輝きが、余りにも恐ろしくて私は気絶した。

絵がダサい
たったそれだけ
絵がダサい

たったそれだけ
絵がダサい
だけ

バカは
休まない
adidas

be不遜

壁で囲んだからといって
「部屋」と言い張る
なんて
全員どうか
している

人による!!!
マストバイ

いいはおりもの
とベルトは
見かけたら
買った方がいい

いやな
場は
すぐに帰るに
限るね

センスオブワンダー
と言われても
困るね

元気が
あっても
何にも
できない

真実は
2〜7つ
場合によっては
9〜11個

なにをしても
OK!!!

きんげん
だ

けど
とて
だ
から？
しね

★　きんげん100作品一覧　★

あなたがここをハワイと思えばハワイ　グアムと思えばグアム　練馬と思えば練馬

金言なので勘弁してください

「鬼カワイイ♡」　鬼サイドは「カワイイ」でやっておりません

この世で最もありがたいのは　水

事実は小説より奇なり…　ケース・バイ・ケース

インターネットをやってない、あなたの心がうつくしい

あの人はInstagramに友達とBBQだけ載せる善人

「きもちの問題」だからと言うが、きもちの問題が一番どうにもならない

いきなりステーキにされる

事実は言い方が9割

＊　＊　＊

IQ180を信じるな

徳川?宗

押してダメな場合、引いてもダメなことに　早めの段階で気がついた方がいい

どろぼうズハイ

「オシャレ」で検索する行為がオシャレではない

結局ないものねだりなんだなあ　「あるものねだるわけないだろ」

ジョブズはまだ成仏していない雰囲気があるね

苦労はしないに限る

おいしいからといって食べすぎるよりは少し足りない方が　「人による」

命　ゲット・ワイルド

戦争最悪!!!　心広い方がオシャレ

おみくじは何回引いてもOK

大丈夫!!!　100人乗る予定特になし

嘘300

大丈夫、知らないけど来世では何とかなるからね

人生が変わらない2時間半の深くなくてよくない話

泥棒が盗んだアロマディフューザー　それでも人は癒されるのか

納税　バッド・ガイ

自分の中にマイジャクを持て

おにぎりの具は、何を入れてもいい　だっておにぎりなんだから

＊　＊　＊

少しダサイよりは　オシャレすぎる方がおもしろい

仏の顔も三度までと言うが、我々は人間なので二度目はないぞ

寿司はすぐに食べろ

印象・ガンダム

わざわざ「負けず劣らず」と言われている場合、実質「負け」だからね

金言を言いそうな方　「なにもわかりません」

月に行ってどうする

「ファイナルアンサー?」「NO」

フォーマルなパーティーだけど本題は介護を巡る骨肉のやつ

トロピカルであれ

デメリットしかないことを堂々と言ってくる人はよくいる　「お金を頂けたら私が喜びます」

どっちでもいいならやらない方がいい

仮面ライダー本郷猛は改造人間である

ハワイ最高!!!　行ったことないけど

ヤクザはやめといた方がいいよ

最悪の事態　やめてOK!!!

（無理のない範囲で）「がんばります」

「だし巻き」は「卵」が無視をされている　そういう事は割とよくある

このやろう支払え

oh…

＊　＊　＊

特になし

クイズ　この世で最もおいしいものは　答え　「それは人による」

我慢できるかどうかを考えている場合　それはもう限界

なんということでしょう

服が「高見え」してる時点である程度失敗

生きてる方がマシ

どろぼうは捕まるので結局損

拾ってみたらダイヤモンド　飲んでみたらロマネ・コンティ

犬って毎日何考えているのかね

告訴　フェスティバル

ひとりはみんなの為に、みんなはひとりのために [・・・]　←何?!
ここしだい!!!　内容による

正論

殺ス　「それは犯罪ですよ」

基本的に全てがぶら下がっていると考えるとなんだか怖いね

UFOを見た

食べたい人は食べなさい

「ご自由にどうぞ」のプレッシャー

「評判」と検索しても　結局評判は分からずじまい

＊　＊　＊

オシャレだが　部屋に置くにはデカ過ぎる　外に置くにはオシャレ過ぎるし

もはや人間ではない

いざとなったら無視で解決

実はみんな変だから思ったほどマジメにやらなくて大丈夫

この世は奥行パラダイス

合同コンパの「合同」は場の総意ではないから気をつけろ

インチキ

ようかんってどこから食べても同じ味がするね

無料だからといってあればあるほどいいと思ったら大まちがい

ゲド戦記最高!!!!!

うまにのると速いけどうまは疲れるのでプラマイゼロ

ない方がマシな物は捨てた方がいいよ

人間　ビヨンセ　ビヨンセ

突然、UFOの話をすれば、なんでもウヤムヤになる

今日も朝からいやがらせ

ニセ

だいたいインターネットでなんとかなる

みんな違ってみんなどこかしらはキモいね

堕ちたSASUKE

「PARIS」←本当か…?

＊　＊　＊

絵がダサい　たったそれだけ絵がダサい　たったそれだけ絵がダサいだけ

バカは休まない

be不遜

壁で囲んだからといって「部屋」と言い張るなんて全員どうかしている

マストバイ　←人による!!!

いいはおりものとベルトは見かけたら買った方がいい

いやな場はすぐに帰るに限るね

センスオブワンダーと言われても困るね

元気があっても何にもできない

真実は2~7つ　場合によっては9~11個

なにをしてもOK!!!

きんげんだ　　けど　とて　った　から?　しね

［おわりに］

どうしてこうなったのか

先日、「世界が滅亡するとしたら、最後に何を食べるか」という主題の作品に触れて、自分はどうなのかと考えてみたのですが、結論から言うと今まで食べたことがある食べ物の中にそれはない。だって知ってるから。いつもの安心できる粥が食べたいという人の気持ちもわからなくはありません。いや、嘘をついてしまいました。わかりかねます。私には、そういった心情がカケラも理解できません。わかってたまるか。心底理解しがたい、全く想像が付かない。食材すら不明の前衛料理を食べて、何もわからないと絶叫した直後に地球が爆砕して死ぬ。そういう感じがいいな、と確信しております。そのようなスタンスに従ってこの本もこうなった次第で御座います。出版する幻冬舎が一番ヤバくて豊饒で混沌なのではないでしょうか。幻冬舎の菊地さん、プロデュース・編集の石黒さん、多大なご迷惑をおかけしましたが、これを面白いと判断して辛抱強くお付き合いいただいたことに心からの感謝を申し上げます。

水野しず（みずの・しず）

イラストレーター／コンセプトクリエイター

１９８８年生まれ　岐阜県出身

武蔵野美術大学造形学部映像学科中退。

在学中は主にイラスト、アニメーションを制作。

講談社主催のオーディション

「ミスｉＤ ２０１５」でグランプリ受賞。

以降、イラスト・執筆以外に、

映像やイベント出演などにも活動の幅を広げる。

実家は日本酒「三千盛」の酒蔵。

STAFF
書・絵・文／水野しず
企画・プロデュース・編集／石黒謙吾
デザイン／吉田考宏
編集／菊地朱雅子（幻冬舎）

きんげんだもの

2021年3月25日　第１刷発行

著　者　水野しず
発行人　見城 徹
編集人　菊地朱雅子

発行所　株式会社 幻冬舎
〒151-0051　東京都渋谷区千駄ヶ谷4-9-7
電話　03（5411）6211（編集）
03（5411）6222（営業）
振替 00120-8-767643
印刷・製本所　株式会社 光邦

検印廃止

ISBN978-4-344-03751-9　C0095
幻冬舎ホームページアドレス　https://www.gentosha.co.jp/

この本に関するご意見・ご感想をメールでお寄せいただく場合は、
comment@gentosha.co.jpまで。